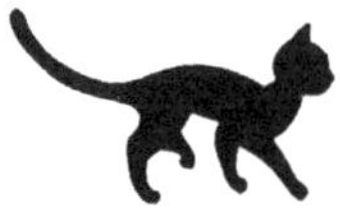

月亮，晚上好

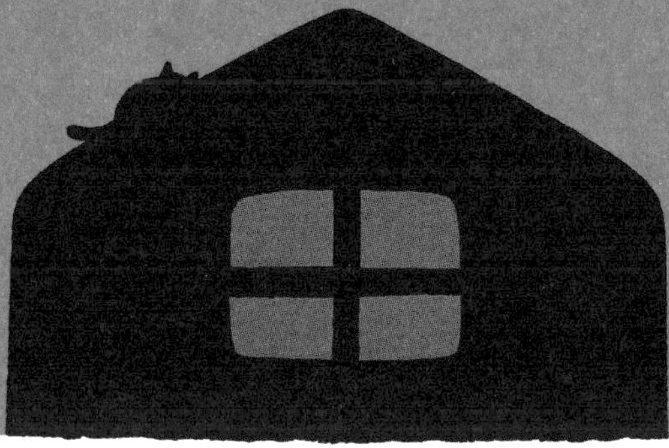

晚上了。

哎呀！天好黑，好黑哟！

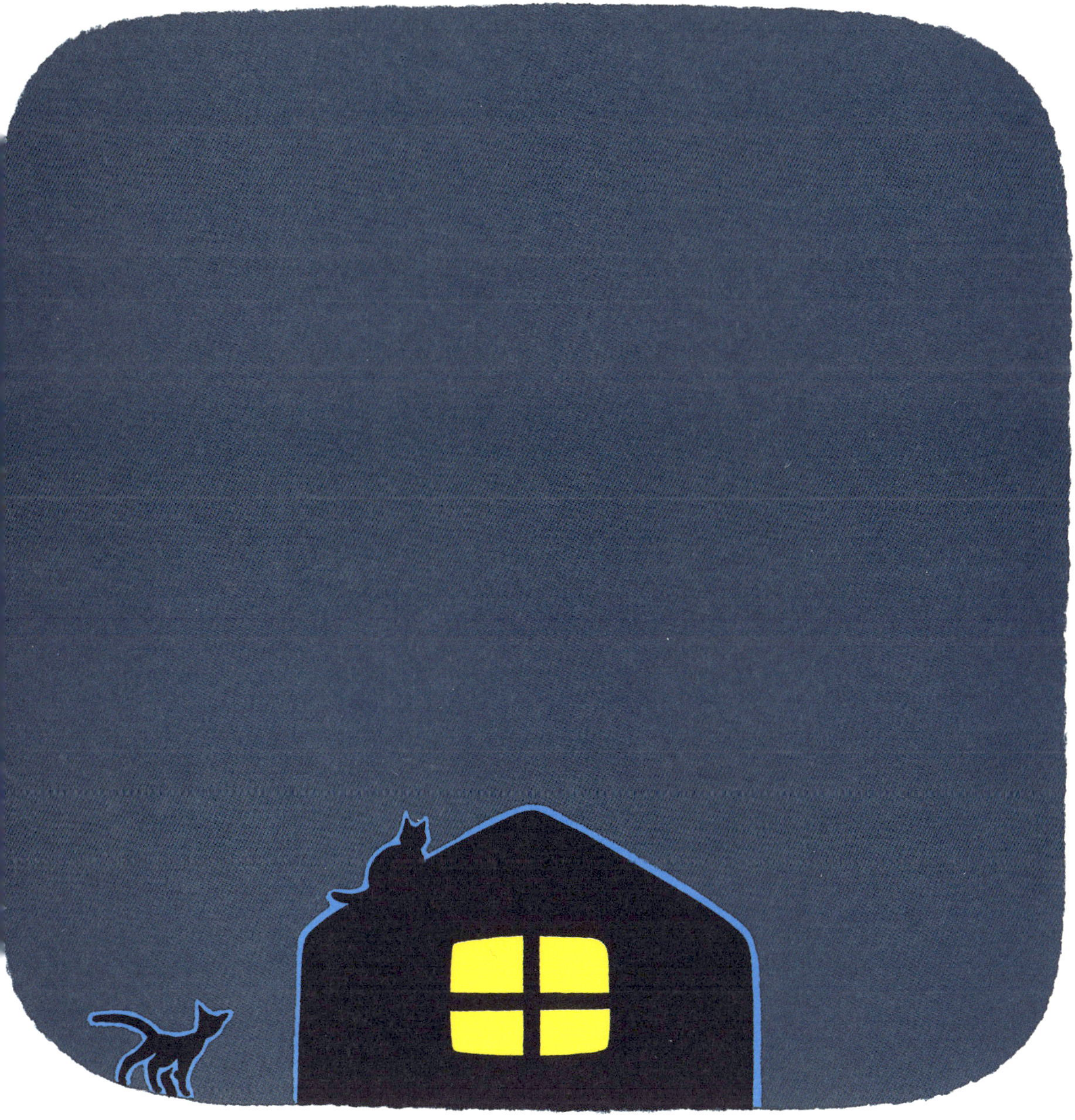

咦？

屋顶上亮起来了。

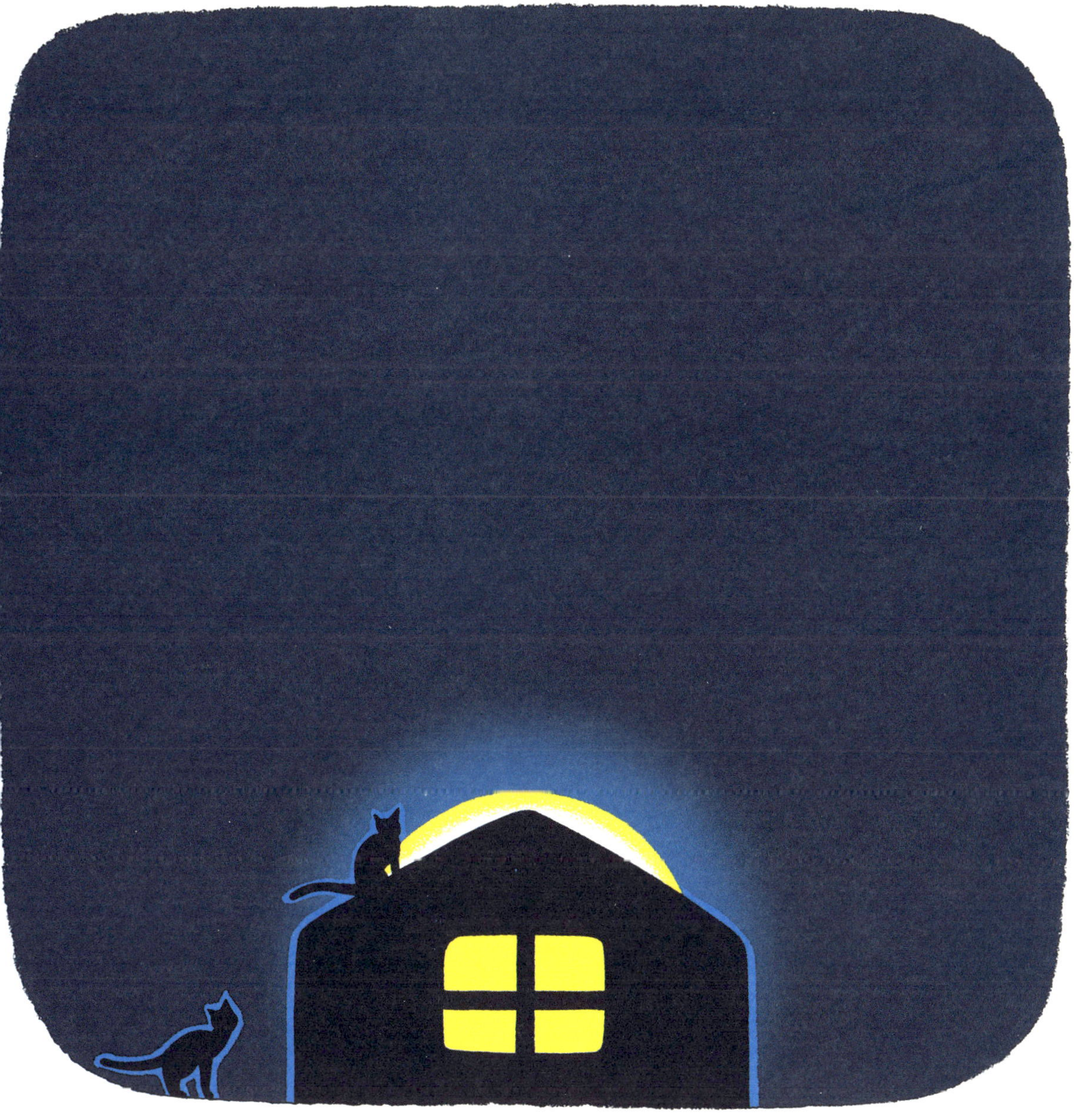

是月亮。

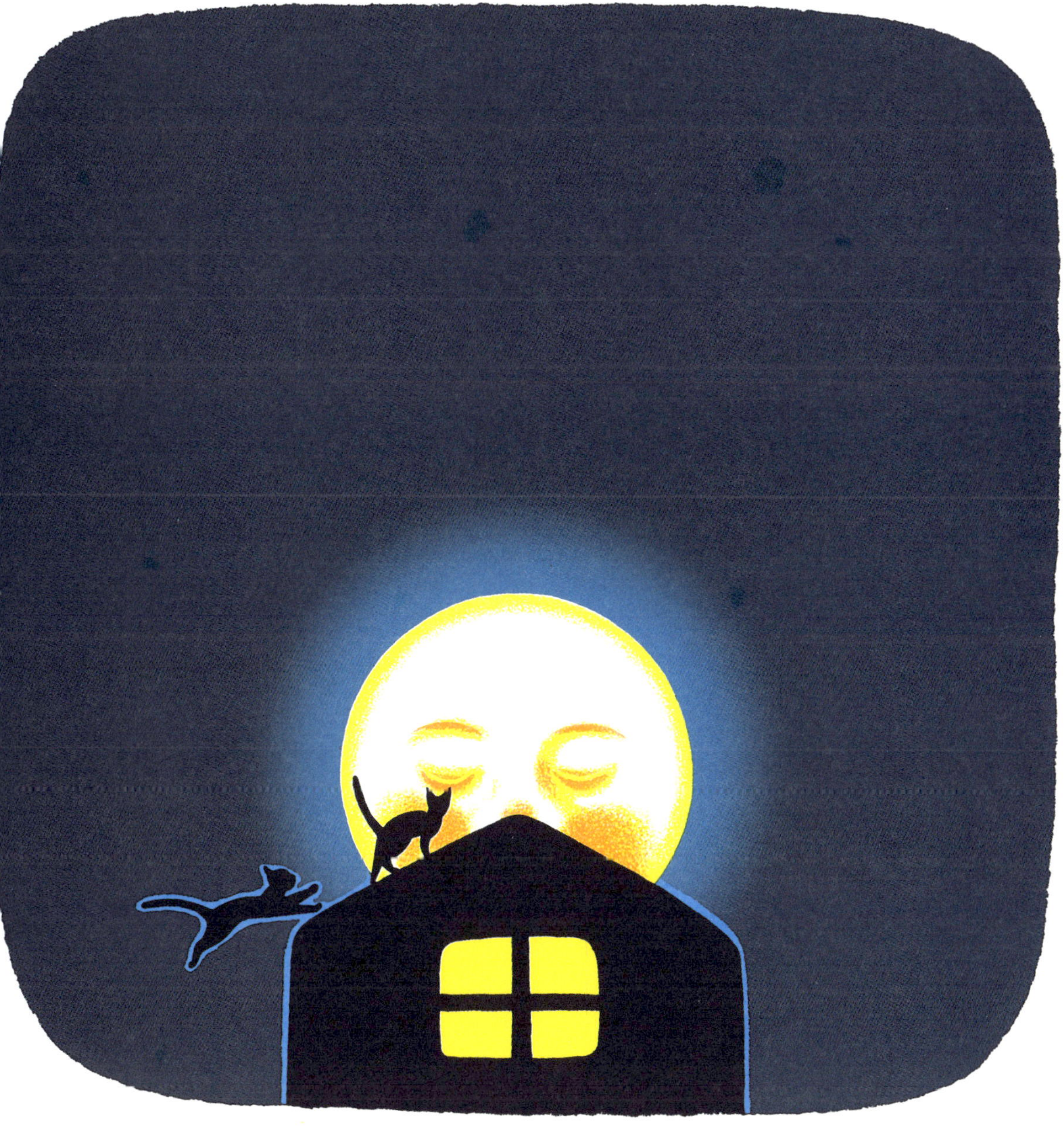

月亮，晚上好！

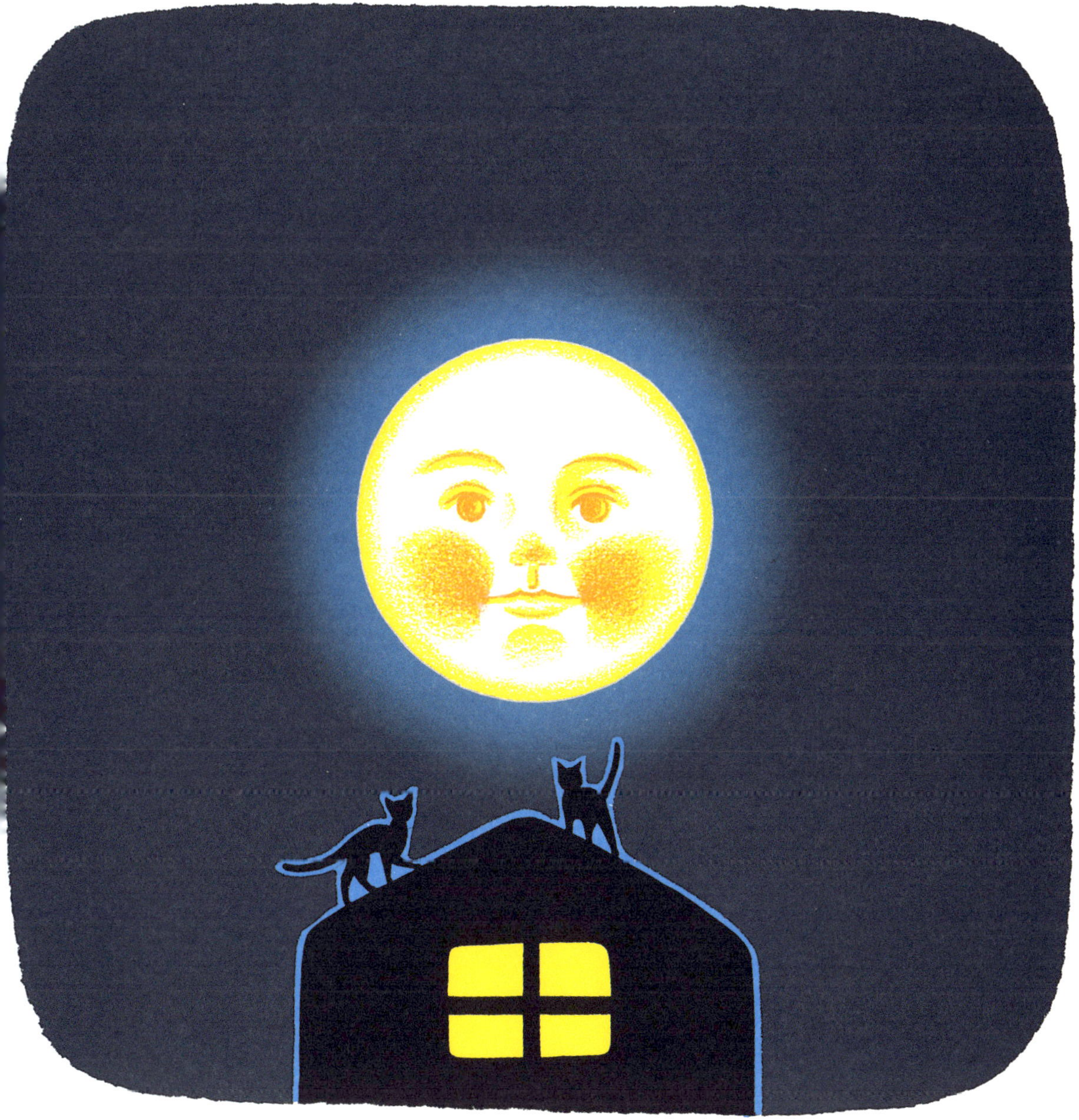

不行，不行！

乌云，你别过来，别过来，

月亮会哭的。

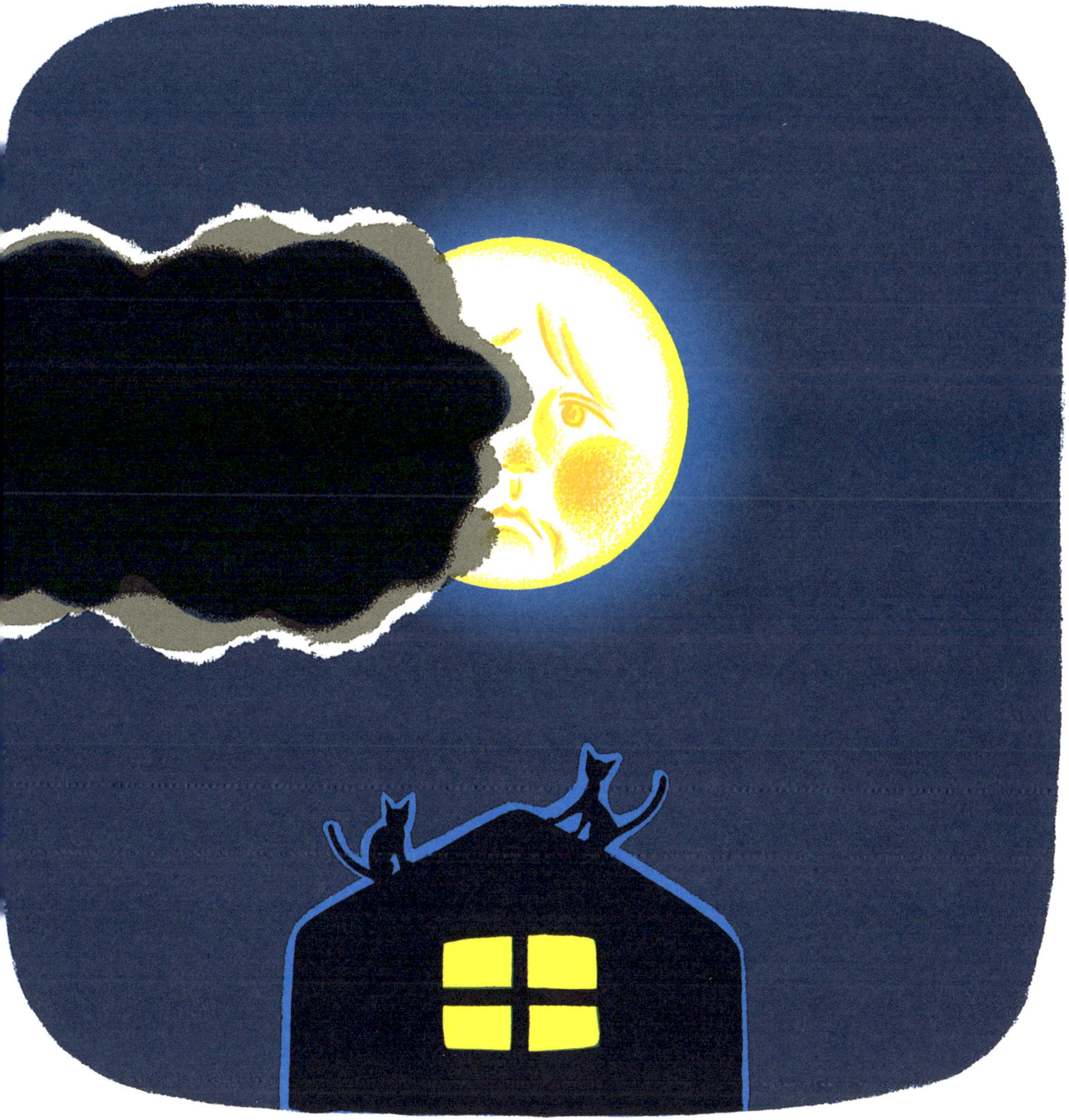

乌云，快走开，

我们看不到月亮的脸了！

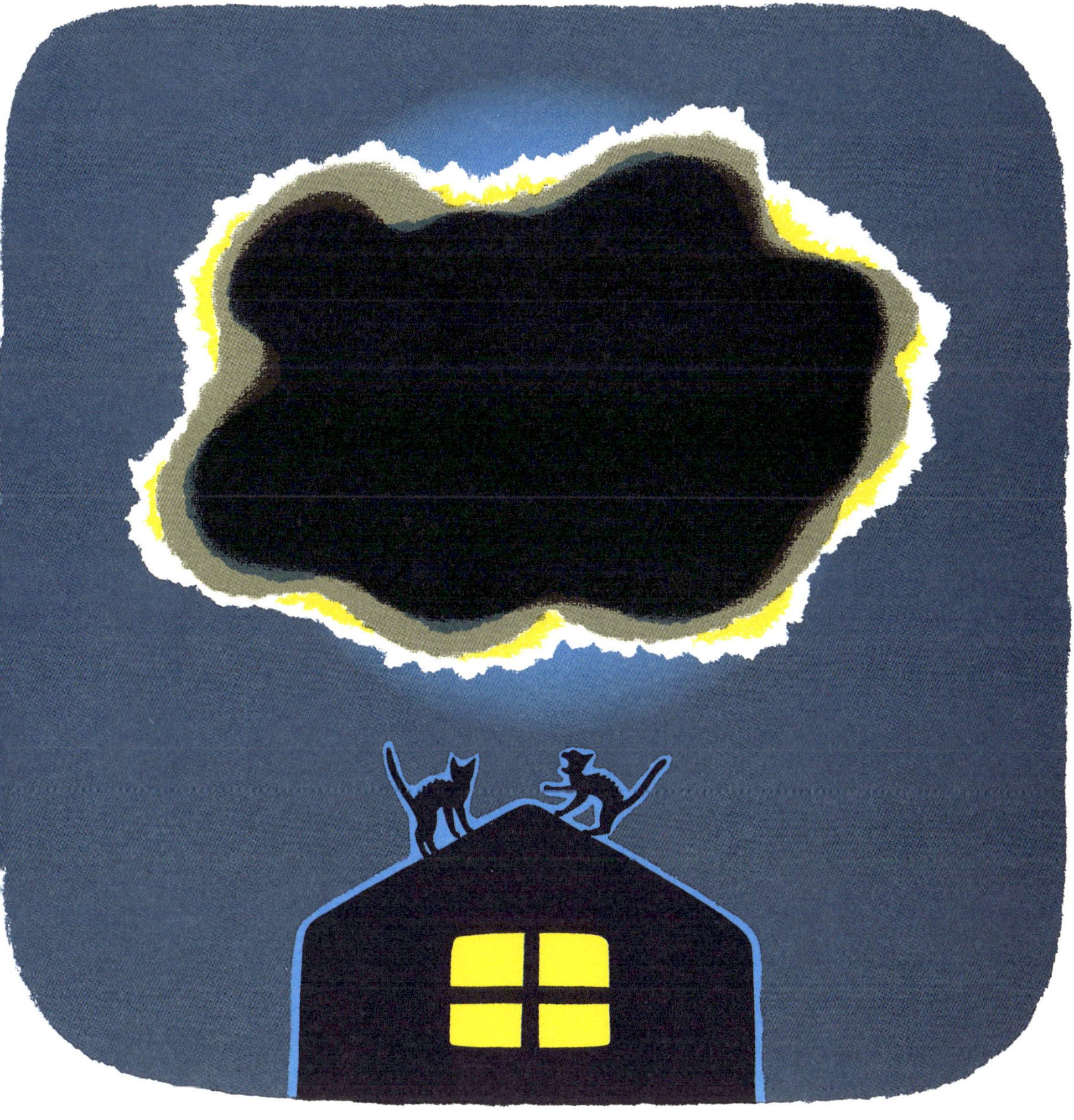

对不起，对不起，

刚才我和月亮说了一句话。

那么，我走喽，再见！

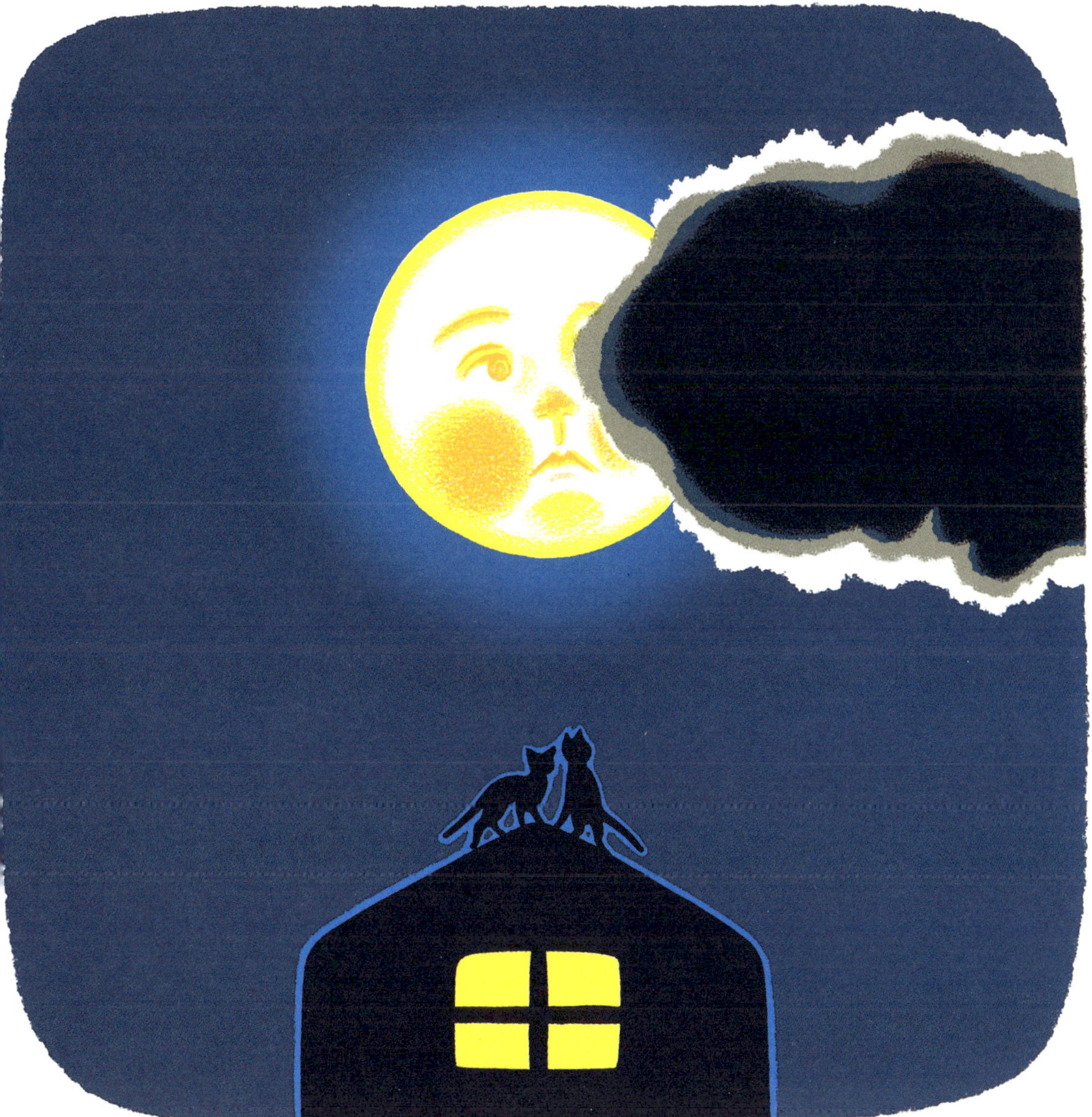

哇！太好了！

月亮笑了！

圆圆的月亮，

晚上好，晚上好！

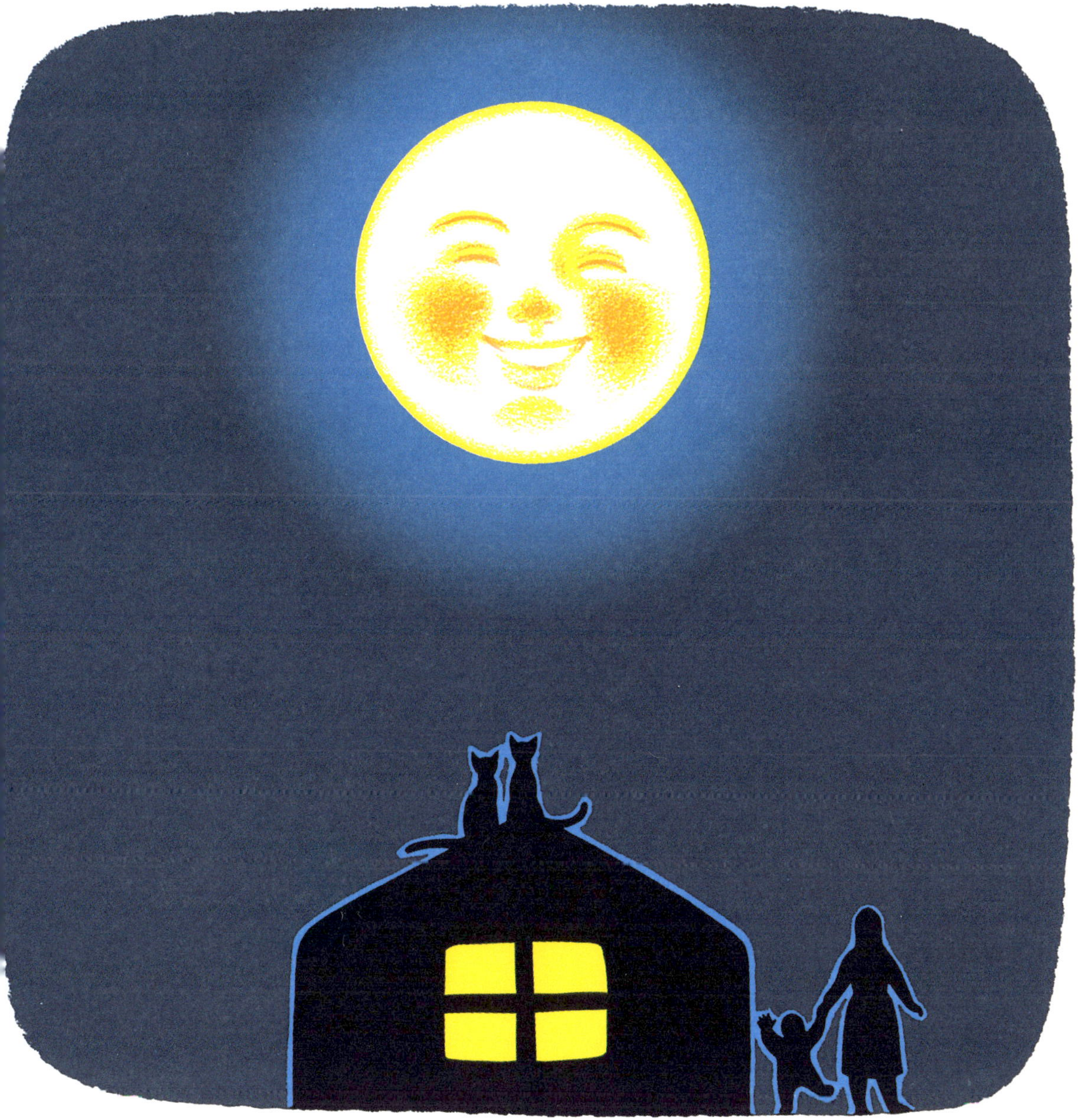